DEUTSCHE AKADEMIE DER WISSENSCHAFTEN ZU BERLIN

VORTRÄGE UND SCHRIFTEN

HEFT 67

SIEGBERT KAHN

ZUR ÖKONOMISCHEN ENTWICKLUNG IN WESTDEUTSCHLAND

AKADEMIE VERLAG · BERLIN

1960

Vortrag gehalten auf der
Sitzung der Sektion Wirtschaftswissenschaften der
Deutschen Akademie der Wissenschaften zu Berlin
am 16. 12. 1959

Erschienen im Akademie-Verlag GmbH, Berlin W 1, Leipziger Straße 3—4
Lizenz-Nr. 202 • 100/18/60
Gesamtherstellung: VEB Druckerei „Thomas Müntzer" Bad Langensalza
Bestellnummer 2003/67
Preis DM —,75
Printed in Germany
ES 5 B 2

Eine richtige Einschätzung der gegenwärtigen Lage und der Perspektiven der westdeutschen Wirtschaft ist unmöglich ohne eine Analyse der jüngsten Vergangenheit, ohne den Versuch, auch unsere bisher gegebenen Prognosen an der Wirklichkeit zu überprüfen.

Im Verlaufe der vergangenen Jahre, besonders des Jahres 1958, deuteten viele Anzeichen auf den bevorstehenden Ausbruch einer zyklischen Überproduktionskrise in Westdeutschland hin. Es war daher nicht übertrieben, im Zusammenhang mit den Erscheinungen in den übrigen kapitalistischen Ländern eine solche Prognose zu stellen, die besonders auch auf der Erwartung einer Weltwirtschaftskrise beruhte. Die tatsächliche Entwicklung entsprach jedoch nicht dieser Prognose.

Zweifellos entwickelte sich in den USA in den Jahren 1957/58 eine zyklische Überproduktionskrise. Die Industrieproduktion ging vom ersten Quartal 1957 bis zum zweiten Quartal 1958 um mehr als 13 Prozent zurück. Im Jahresdurchschnitt war sie 1958 um 8 Prozent niedriger als 1957. Sie fiel gewissermaßen um fünf Jahre zurück auf den Stand des Jahres 1953. Erst im ersten Vierteljahr 1959 wurde der entsprechende Stand von 1957, allerdings nur ganz geringfügig, überschritten.

Auch alle anderen ökonomischen Faktoren zeigten das Wüten der Krise in den Vereinigten Staaten: Die Arbeitslosigkeit erreichte einen neuen Höchststand und ging auch im Laufe des Jahres 1959 nur sehr langsam und keineswegs bis auf ihren früheren Stand zurück. Die Investitionen, besonders diejenigen in fixes Kapital, verringerten sich beträchtlich, die Bankerotte dagegen nahmen ein großes Ausmaß an.

Die neue zyklische Überproduktionskrise in den USA 1957/58 hatte auch auf die Wirtschaft der übrigen kapitalistischen Länder bedeutende Auswirkungen. Jedoch war die Eigenbewegung der Wirtschaft in fast allen diesen Ländern noch so stark, um zu verhindern, daß sie völlig in den Strudel der amerikanischen Krise hineingezogen wurden.

Am stärksten waren die Rückwirkungen der amerikanischen Krise auf den Rohstoffmärkten zu spüren, die zu einem beträchtlichen Teil von der amerikanischen Wirtschaft abhängen. Das hatte entsprechende Folgen für die Rohstoffländer, die größtenteils zu den wirtschaftlich schwach entwickelten Gebieten gehören.

So sank beispielsweise die Erzförderung in Lateinamerika um 11 Prozent, in den asiatischen Ländern um 8 Prozent gegenüber dem Vorjahr. Selbst in der Erdölförderung traten Rückgänge ein. Insgesamt war jedoch kein allgemeiner, alle oder fast alle Zweige der Industrie erfassender Rückgang der Produktion in diesen Ländern festzustellen. Das Wachstum der Industrieproduktion verlangsamte sich zwar bedeutend – von 6,3 Prozent 1957 auf 1,4 Prozent 1958 in den lateinamerikanischen Ländern und von 12 auf 1,7 Prozent in Asien –, aber es hörte im Unterschied zu den USA nicht völlig auf.

Die Krise in den Vereinigten Staaten wirkte sich auch in anderer Weise auf die ökonomisch schwach entwickelten Länder aus. Durch den Sturz der Rohstoffpreise und die sinkende Abnahme von Rohstoffen verringerten sich ihre Währungsreserven teilweise katastrophal, und ihr Anteil am kapitalistischen Welthandel nahm ab. All das zusammen führte jedoch noch nicht zu einer umfassenden ökonomischen Krise in diesen Ländern.

In den hochentwickelten kapitalistischen Ländern Westeuropas verlangsamte sich der Wachstumsprozeß der Industrieproduktion ebenfalls, und zwar von 4,8 Prozent 1957 auf 2,3 Prozent 1958, ohne indessen ganz aufzuhören. Hier traten Teilkrisen in einer Reihe von Industrien auf, wie im Kohlen- und Erzbergbau, in der Textil- und Bekleidungsindustrie und einigen anderen Industrien. Insgesamt kann jedoch auch hier nicht von einer allgemeinen Überproduktionskrise gesprochen werden.

Alle diese Tatsachen zeigen, daß eine gewisse Verminderung der Diskrepanz in der Entwicklung der einzelnen kapitalistischen Länder und Gebiete eingetreten ist. Die Entwicklung in den übrigen Herrschaftsbereichen des kapitalistischen Systems ist nicht mehr völlig im Gegensatz zu derjenigen in den USA verlaufen wie noch in den vergangenen Jahren, hat aber auch nicht mit ihr übereingestimmt. Es kann noch keine Rede davon sein, daß etwa eine völlige Synchronisation des zyklischen Ablaufs in den kapitalistischen Ländern eingetreten wäre.

Die Ursache der äußerst scharfen Desynchronisation des Zyklus ist, wie allgemein bekannt ist, in den unterschiedlichen Auswirkungen und Folgen des zweiten Weltkrieges zu suchen: in der Tatsache, daß die USA von allen Kriegszerstörungen verschont blieben und ihren Produktionsapparat bedeutend erweiterten, während dagegen die westeuropäischen Länder in bedeutendem Ausmaß von den zerstörerischen Wirkungen des Krieges betroffen wurden. Daß bis heute, fast 15 Jahre nach dem Ende des zweiten Weltkrieges, noch keine stärkere Angleichung der zyklischen Entwicklung stattgefunden hat, bedeutet, daß die Faktoren, die aus dem zweiten Weltkrieg und seinen Ergebnissen herrühren, ihre Wirkung in den einzelnen Ländern noch keineswegs restlos verloren haben, wie wir im allgemeinen annahmen. Das trifft insbesondere auch für die Entwicklung der westdeutschen Wirtschaft zu.

In Westdeutschland waren, wenn man die kapitalistischen Länder Westeuropas betrachtet, die Kriegszerstörungen zweifellos am größten. Der Produktionsapparat und das Transportwesen waren schon in der Periode der Aufrüstung und des Krieges nur auf den kriegswichtigsten Gebieten ersetzt und erneuert worden. Schon im Jahre 1943 wurden 54 Prozent des Eisen- und Stahlverbrauchs unmittelbar für Kriegsgerät eingesetzt. Rund 60 bis 80 Prozent der Buntmetalle wurden direkt für den Wehrmachtsverbrauch verwendet. 1943 arbeiteten die sogenannten Investitionsgüterindustrien zu mehr als 80 Prozent für den Kriegsbedarf. Der Wohnungsbau war schon 1941/42 auf etwa ein Zehntel seines bereits gedrosselten Vorkriegsstandes geschrumpft.

Über die Kriegszerstörungen gibt es noch immer kein einwandfreies zusammenfassendes Bild. Aber selbst wenn man annimmt, daß sie im Gesamtdurchschnitt der Industrie nur etwa 15 Prozent der Kapazität ausmachten, so ist das zusätzlich zu dem laufenden Erneuerungsbedarf eine gewaltige Zahl. Das gleiche trifft wahrscheinlich in noch höherem Maße für das Schienen-, Straßen- und Wassertransportwesen zu, das am Ende des Krieges völlig zusammengebrochen war. Und schließlich waren Millionen von Wohnungen ganz oder zum Teil zerstört. Millionen von Menschen lagen buchstäblich ohne die geringste Habe auf der Straße. Dazu kamen die rund 7 Millionen Umsiedler, die bis 1950 nach Westdeutschland hereinströmten.

Man kann sagen, daß ein solcher potentieller Markt wohl kaum jemals vorher in der Geschichte des Kapitalismus existiert hat. Und der deutsche Imperialismus verfügte – mit Hilfe des amerikanischen Imperialismus – schon wenige Jahre nach dem Kriege über die Mittel, sich dieses gewaltigen Marktes zu bemächtigen. Die Monopole hatten riesige Kriegsgewinne akkumuliert, eine große Arbeitskraftreserve war vorhanden, vor allem konnte mit Hilfe der Besatzungsmächte ein erfolgreicher Kampf der demokratischen Volkskräfte gegen die alten Mächte des deutschen Imperialismus unterbunden und der westdeutsche Staat zu einem ausschließlichen Instrument der Monopole gemacht werden.

Die Investitionen sowohl in der Industrie wie im Bauwesen wurden noch zusätzlich durch staatsmonopolistische Maßnahmen wie die "Investitionshilfe" und durch die gesamte Steuergesetzgebung künstlich forciert. Die erfolgreiche Außenhandels- und Kapitalexportoffensive wurde durch ähnliche staatliche Maßnahmen begünstigt und beschleunigt, während das Lohnniveau relativ niedrig gehalten wurde.

Diese Faktoren sind es meiner Meinung nach, die die unterschiedliche Entwicklung Westdeutschlands im Vergleich beispielsweise zu den USA erklären. Und die Wirkung dieser Faktoren ist offensichtlich noch keineswegs restlos erschöpft.

Nehmen wir allein die Bauwirtschaft. Die Bauleistung lag im Durchschnitt der Jahre 1950 bis 1958 je Kopf der Bevölkerung nur um etwa 40 Prozent höher als 1936. Die Bauleistung 1936 war aber niedriger als 1929, obgleich die Bevölkerung um fast 3 Millionen angestiegen war. Gegenwärtig ist die Zahl der Wohnungen in Westdeutschland, von denen ein großer Teil überdies baufällig und überaltert ist, nur um 17 Prozent größer als 1939, obwohl die Bevölkerungszahl um rund 29 Prozent angewachsen ist. Das zeigt, daß die Kriegsverluste auf diesem Gebiet noch längst nicht als überwunden gelten können. Ähnlich ist es auch auf einer ganzen Reihe von anderen Gebieten.

In den Jahren seit dem Ende des zweiten Weltkrieges sind eine Reihe von Strukturveränderungen in der westdeutschen Wirtschaft vor sich gegangen, die wenigstens knapp skizziert werden müssen:

1. Der Anteil der unmittelbar von der Industrie beschäftigten Arbeiter und Angestellten an der gesamten Bevölkerung hat sich von 11,32 Prozent im Jahre 1939 auf 14,13 Prozent im Jahre 1958 erhöht. Das bedeutet eine beträchtliche Vergrößerung der Ausbeutungsquellen des deutschen Imperialismus. Absolut ausgedrückt hat sich die Zahl der Arbeiter und Angestellten 1958 im Vergleich zu 1939 um 57 Prozent erhöht. Das bedeutet auch eine ansehnliche Vergrößerung des Binnenmarktes sowohl für Produktions- wie für Konsumtionsmittel.
2. Der Anteil der einzelnen Industriezweige und -gruppen an der gesamten Industrieproduktion hat sich bedeutend verändert. Bereits in der Periode der faschistischen Aufrüstung und des Raubkrieges waren die kriegswichtigsten Industrien auf das äußerste ausgedehnt und die Verbrauchsgüterindustrien auf ein Minimum beschränkt worden. Das drückte sich in der Industriestruktur des Jahres 1950 aus, als die sogenannten Produktions- und Investitionsgüterindustrien bereits einen Anteil von rund 55 Prozent an der Nettoproduktion der verarbeitenden Industrie hatten, während der Anteil der Verbrauchsgüter- und der Nahrungs- und Genußmittelindustrien nur noch rund 45 Prozent betrug. Von 1950 bis 1958 hat sich der Anteil weiter zugunsten der Produktions- und Investitionsgüterindustrien auf rund 60 und 40 Prozent verändert. Der Anteil der vier kriegswichtigsten Industrien, Chemie, Maschinenbau, Fahrzeugbau und Elektroindustrie, an der gesamten Industrieproduktion einschließlich Bergbau und Energie hat sich in der gleichen Zeit von 23,9 auf 31,9 Prozent erhöht. Diese Zahlen besagen, daß der vom Faschismus herbeigeführte rüstungswirtschaftliche Aufbau der Industriestruktur nicht nur beibehalten, sondern noch erheblich verstärkt wurde.

In diesem Zusammenhang wird ein Satz klar, den der Geschäftsführer des Bundesverbandes der Industrie, Wilhelm Beutler, in einem Artikel der Frankfurter Allgemeinen schon im Jahre 1956 prägte.

> "Wirtschaftspotential ist Rüstungspotential. Rüstungspotential ist militärische Macht und damit politische Gestaltungskraft." ("Frankfurter Allgemeine Zeitung", Nr. 119 vom 24. 5. 1956)

Demgemäß hat Strauß auch bereits in einer am 3. Dezember 1959 veröffentlichten Rede erklärt:

> "Wir sind der Meinung, daß wir in der Bundesrepublik vorhandene freie Kapazitäten für Rüstungsbeschaffung grundsätzlich voll ausnutzen sollen."

Und er hat in dieser Rede mitgeteilt, daß bereits 60 Prozent der Beschaffung für die Bundeswehr aus Westdeutschland bezogen werden. Bei dem "schweren Wehrmachtsgerät", wie er sich selbst ausdrückt, also bei den Panzern, Geschützen usw., sind es 50 Prozent, Fahrzeuge kommen zu 100 Prozent aus der westdeutschen Produktion. Das bedeutet, die westdeutsche Rüstungsproduktion entwickelt sich in einem großen und wachsenden Maße, um die "politische Gestaltungskraft", das heißt die aggressiven Ziele des deutschen Imperialismus, zu verwirklichen.

Wenn die Militarisierung der Wirtschaft im Sinne der Schaffung eines großen Rüstungspotentials eine hervorstechende Erscheinung im Deutschen Reich war und in Westdeutschland heute wieder ist, so darf man selbstverständlich die anderen Faktoren nicht übersehen, die in den vergangenen Jahren zu den verschiedenen Zeiten eine unterschiedliche Rolle gespielt haben.

Die Jahre 1956 und 1957 waren Jahre der verstärkten und staatlich geförderten Außenhandelsexpandion der westdeutschen Monopole. Die Ausfuhr, die bedeutend schneller wuchs als die Industrieproduktion, war in diesen Jahren der *relativ* stärkste Faktor des Aufschwungs. Im Jahre 1956 erhöhte sich die Industrieproduktion um 7,9 Prozent, der Auslandsumsatz der Industrie jedoch um 17,6 Prozent. (Alle verwendeten Zahlenangaben auch im weiteren Verlauf der Arbeit beziehen sich auf Werte in gleichbleibenden Preisen.) Im Jahre 1957 erhöhte sich die Industrieproduktion nur noch um 5,7 Prozent, der Auslandsumsatz der Industrie dagegen um rund 13,7 Prozent.

Die Investitionen (Bau- und Ausrüstungsinvestitionen brutto, d.h. einschließlich Ersatzinvestitionen) nahmen 1956 nur um rund 7,4 Prozent zu, sie spielten zumindest relativ in diesem Jahr nur eine untergeordnete Rolle im Aufschwung, im Jahre 1957 stagnierten sie überhaupt, wobei die Ausrüstungsinvestitionen sogar geringfügig sanken.

Die Staatsausgaben für Güter und Dienstleistungen hatten bereits

1955 die bedeutende Höhe von fast 24 Milliarden Mark erreicht, sie wuchsen in gleichbleibenden Preisen 1956 nur geringfügig um ein Prozent. Im Jahre 1957 aber, als die Investitionen stagnierten, wurden die Staatsausgaben im Zeichen der verschärften Rüstungspolitik um 6,8 Prozent erhöht, wobei der Rüstungsaufwand um rund 15 Prozent zunahm. Sie traten damit *relativ* hinter der Ausfuhroffensive an die zweite Stelle der Faktoren, die den ökonomischen Aufschwung trugen.

Die "Nettoeinkommen aus unselbständiger Arbeit", im wesentlichen also das Masseneinkommen, nahmen in beiden Jahren zu, und zwar 1956 um 8,9 und 1957 um 6,7 Prozent, wobei sich die Beschäftigtenzahl um rund 5 und 3 Prozent erhöhte.

Bemerkenswert bleibt immerhin, daß die Stagnation der Investitionen keinen Rückgang oder auch nur eine Stagnation der Industrieproduktion im Jahre 1957 herbeiführte. Die übrigen genannten Faktoren erwiesen sich noch als stärker.

Ein gewisser Umschwung trat 1958 ein. Die Zuwachsrate der Industrieproduktion erreichte mit nur 3 Prozent ihren bisherigen Tiefpunkt. In einer Reihe wichtiger Industriezweige traten Teilkrisen ein, die sich in Produktionsrückgängen und Massenentlassungen äußerten und die verschiedene Ursachen hatten.

Die schwersten Krisenerscheinungen traten im Steinkohlenbergbau auf, der zwar nur einen relativ geringen Förderrückgang aufwies, dessen Haldenbestände jedoch auf rund 17 Millionen Tonnen anstiegen. Die Ursachen der Kohlenkrise sind vielfältiger Natur, und es ist falsch, sie ausschließlich mit "Strukturveränderungen", der Verdrängung der Kohle durch das Heizöl, zu erklären, wie es die bürgerlichen Wirtschaftler Westdeutschlands tun. Diese Strukturverschiebung geht bereits seit Jahren vor sich und stellt keinen plötzlich neu aufgetretenen Faktor dar. Sie wurde zwar durch das unverschämte Preisdiktat der Zechenmonopole noch weiter beschleunigt. Während nämlich die Einfuhrpreise für Erdöl und Erdölerzeugnisse 1958 um 7,5 Prozent niedriger waren als 1958, waren die Steinkohlenpreise in der gleichen Zeit um durchschnittlich 5,5 Prozent gestiegen.

Die Kohlenkrise wurde jedoch unmittelbar durch die Produktionsrückgänge in anderen Industrien, besonders in der Eisen- und Stahlindustrie, ausgelöst, wodurch der Steinkohlenverbrauch der Industrie (in Steinkohleneinheiten gerechnet) von 1957 bis 1958 um 7 Prozent zurückging. Das Ergebnis waren Millionen von Feierschichten und war die Entlassung von zunächst mehr als 50 000 Bergarbeitern. Die Krise im Steinkohlenbergbau ist auch jetzt noch keineswegs überwunden. Eine größere Anzahl von Schächten wird in der nächsten Zeit stillgelegt, und weitere 50 000 bis 100 000 Bergarbeiter sollen entlassen werden.

Auch in der Eisen- und Stahlindustrie setzte im Verlauf des Jahres 1958 die Krise ein. Ende 1958 war die Produktion um 20 Prozent geringer als im Durchschnitt des Jahres 1957. Einzelne Werke und Werksteile wurden zeitweilig stillgelegt, verkürzte Arbeitszeit eingeführt und Massenentlassungen vorgenommen. Für die Stahlmonopole stellte der amerikanische Stahlarbeiterstreik einen Rettungsanker dar. Schon vor seinem Ausbruch begannen spekulative Aufträge einzugehen, die danach noch weiter zunahmen, so daß die Produktion im zweiten Quartal 1959 den Höhepunkt des Jahres 1957 überschreiten konnte.

Andere Zentren der Teilkrise waren die Leder erzeugende und verarbeitende Industrie, die Schuhindustrie und die Textil- und Bekleidungsindustrie. Auch hier traten teilweise erhebliche Produktionsrückgänge ein, waren Kurzarbeit und Massenentlassungen an der Tagesordnung.

Auch für die Krise in den klassischen Verbrauchsgüterindustrien wurden Strukturwandlungen, nämlich die Veränderungen im Massenverbrauch, seine immer stärkere Hinwendung zu den hochwertigen technischen Verbrauchsgütern (Fahrzeuge, Fernseh- und Tongeräte usw.), als Hauptursache angegeben. Aber auch diese Entwicklung ist natürlich keine plötzlich im Jahre 1958 neu aufgetretene Erscheinung, sondern ebenfalls ein kontinuierlicher Prozeß, der sich bereits seit Jahren vollzieht. Hauptursache der Krise in den klassischen Verbrauchsgüterindustrien war vielmehr das im Jahre 1958 außerordentlich verlangsamte Wachstum des Masseneinkommens. Im Verlauf des Jahres 1959 ist eine gewisse Besserung in der Lage der genannten Industrien eingetreten, ohne daß allerdings Anhaltspunkte dafür vorhanden wären, daß diese Besserung nachhaltig oder von längerer Dauer sein wird.

Charakteristisch für eine Reihe anderer Industrien war die Lage in einem so wichtigen Zweig wie dem Maschinenbau. Er stagniert bereits seit 1957 und hat auch im Verlauf des Jahres 1959 trotz angeblich sehr großer Auftragseingänge die Tendenz, nur sehr langsam zu steigen. Das trifft auch für den Stahl- und Waggonbau zu. Im Schiffbau beginnt sich nach dem Auslaufen der früher einmal hohen Auftragsbestände die krisenhafte Situation der kapitalistischen Seeschiffahrt bedrohlich auszuwirken. Im zweiten und dritten Quartal 1959 war die Schiffbauproduktion um 10 Prozent geringer als in der gleichen Zeit des Jahres 1958.

Die zweifellos krisenhafte Entwicklung in einer Anzahl von westdeutschen Industriezweigen im Jahre 1958 war jedoch nicht von einer Massenarbeitslosigkeit oder einem entsprechenden Anstieg der Erwerbslosigkeit begleitet. Die offizielle Arbeitslosenzahl sank im Gegenteil bis zum September 1958 auf ihren bis dahin niedrigsten Stand von 328 000. Ihre Spitze im Winter 1958/59 beschränkte sich auf nur vier Monate (Dezember 1958 und Januar, Februar, März 1959). Im Juli 1959 erreichte sie mit 212000 nur noch 65 Prozent ihres vorjährigen Tiefstandes.

Die Erklärung für diese scheinbar widersprüchliche Erscheinung ist darin zu finden, daß die in den von Krisen betroffenen Industrien freigesetzten Arbeiter und Angestellten im wesentlichen in anderen Wirtschaftszweigen Beschäftigung fanden. So wurde die Beschäftigtenzahl nennenswert im Fahrzeugbau (um fast 25 000), in der Elektroindustrie (um rund 27 000), in der Chemieindustrie (um fast 14 000) und in der Bauwirtschaft (um rund 20 000) erhöht.

Die genannten Industrien waren es auch vor allem, in denen im Verlauf des Jahres 1958 nicht nur keine Krisenerscheinungen auftraten, sondern deren Entwicklung so überdurchschnittlich günstig war, daß sie ausreichte, um die Kriseneinbrüche in anderen Industrien zu kompensieren. So erhöhte sich die Produktion der Bauwirtschaft 1958 gegenüber 1957 um 3 Prozent, der chemischen Industrie um 7 Prozent, der elektrotechnischen Industrie um fast 15 Prozent und des Fahrzeugbaus um 19 Prozent.

In der Entwicklung der einzelnen von uns in Betracht gezogenen Nachfragekomponenten ging im Jahre 1958 ebenfalls ein bedeutender Umschwung vor sich. Die Ausfuhr verlor ihre Bedeutung als entscheidende Auftriebskraft. Der Auslandsumsatz der Industrie erhöhte sich nur noch um 0,8 Prozent, er stagnierte also faktisch. Die Investitionen wuchsen wieder um 4,3 Prozent, die Ausrüstungsinvestitionen für sich betrachtet sogar um 5,5 Prozent. Die "Staatsausgaben für Güter und Dienste" nahmen weiter um 4,2 Prozent zu, während sich die "Nettoeinkommen aus unselbständiger Arbeit" nur noch um 2,9 Prozent erhöhten. Die gesamte ökonomische Lage im Jahre 1958 zeigte also zwar keinen gefährlich krisenhaften, aber einen depressiven und labilen Charakter. In der ersten Hälfte des Jahres 1959 und, soweit sich bisher überblicken läßt, auch in seinem weiteren Verlauf wurden die Krisenerscheinungen – mit Ausnahme des Bergbaus – im wesentlichen überwunden. Die gesamte Industrieproduktion nahm im ersten Halbjahr 1959 im Vergleich zum ersten Halbjahr 1958 um 4,9 Prozent zu. Die außerordentliche Unterschiedlichkeit der Entwicklung der einzelnen Industrien, die das Jahr 1958 charakterisiert hatte, verschwand zwar nicht ganz, milderte sich jedoch bedeutend. Außer im Steinkohlen- und Erzbergbau sowie im Stahlbau und Schiffbau, in denen die Krise andauerte, traten keine neuen schweren Rückschläge ein. In den Verbrauchsgüterindustrien zeigte sich zwar nicht der von den westdeutschen Wirtschaftlern erwartete und erhoffte schnelle Aufschwung, aber doch eine geringfügige Belebung. Allerdings verringerte sich auch der Anstieg der Zuwachsraten im Fahrzeugbau und in der Elektroindustrie, er blieb jedoch immer noch überdurchschnittlich hoch.

Wie beeinflußten nun die einzelnen Nachtragekomponenten die Entwicklung im ersten Halbjahr 1959?

Zu dem relativ wichtigsten Faktor wurden ganz offensichtlich die Staatsausgaben, die sich gegenüber dem ersten Halbjahr 1958 um 13,6 Prozent erhöhten. Hier spielten zweifellos die verstärkten Rüstungsaufträge, die im Unterschied zu den vergangenen Jahren überwiegend an die westdeutschen Monopole vergeben wurden, die Hauptrolle. An zweiter Stelle stehen die Investitionen, die um rund 11 Prozent zugenommen haben, wobei die Bauinvestitionen für sich betrachtet mit einer Zuwachsrate von über 14 Prozent im Vordergrund stehen, gegenüber den Ausrüstungsinvestitionen mit nur 8 Prozent. Auch die "Nettoeinkommen aus unselbständiger Arbeit" zeigen im ersten Halbjahr 1959 mit mehr als 8 Prozent bei einem Wachstum der Beschäftigtenzahl um 2 Prozent eine überdurchschnittliche Zunahme, von der allerdings angenommen werden kann, daß sie sich im Durchschnitt des ganzen Jahres 1959 verringern wird. An letzter Stelle steht der Auslandsabsatz der Industrie, dessen Zuwachsrate von 7 Prozent freilich nicht gering ist.

Bemerkenswert an der Entwicklung des ersten Halbjahres 1959 ist die Tatsache, daß der Zuwachs aller einzelnen Nachfragekomponenten teilweise bedeutend höher ist als der der Industrieproduktion mit nur 4,9 Prozent. Daraus kann geschlossen werden, daß es der Industrie im allgemeinen gelungen ist, ihre überhöhten Lagerbestände zu einem beträchtlichen Teil zu räumen.

Überblickt man noch einmal die gesamte Periode von 1955 bis Mitte 1959, so ergibt sich folgendes Bild:

In keinem dieser Jahre trat ein allgemeiner Rückgang der westdeutschen Industrieproduktion ein. Krisenerscheinungen beschränkten sich im Jahre 1958 auf einzelne, allerdings wichtige Industriezweige. Diese Tendenz wurde durch den äußerst schnellen Anstieg anderer, vor allem der rüstungswichtigen Industrien überkompensiert.

Die Investitionen nahmen zu keinem Zeitpunkt der letzten Jahre ab. Sie stagnierten im Jahre 1957, also vor den einzelnen Produktionsrückgängen, erhöhten sich jedoch 1958 und ganz besonders 1959 wieder. Es besteht zwar trotz der zunehmenden Rüstungsproduktion ein ständiger Überschuß an industrieller Kapazität, er ist jedoch noch nicht so stark angestiegen, um eine gewaltsame Lösung zu erzwingen.

Der Überschuß an Arbeitskräften blieb in seinem sichtbaren Ausdruck ebenfalls auf einzelne Gebiete beschränkt, hielt sich in relativ engen Grenzen und konnte noch im wesentlichen durch die Neueinstellung von Arbeitskräften auf anderen Gebieten ausgeglichen werden.

Es ergibt sich somit, daß es im Jahre 1958 in Westdeutschland zu ernsten Krisenerscheinungen, zu einer Reihe von Teilkrisen, jedoch nicht zu einer alle Zweige der Wirtschaft erfassenden zyklischen Überproduktionskrise gekommen ist. Die Widersprüche und Disproportionen sind weiter angewachsen, sie haben jedoch noch nicht zu einem gewaltsamen Ausbruch geführt, haben aber auch noch keine zeitweilige Lösung gefunden.

Hieraus folgt, daß die in Gang befindliche Überwindung der Teilkrisen nicht etwa den üblichen Phasenwechsel von der Depression zur Belebung oder gar zu einem neuen kräftigen Aufschwung darstellt, sondern lediglich die Wiederaufnahme der im Jahre 1958 zeitweilig und auf einzelnen Gebieten unterbrochenen Entwicklung.

Wenn wir die Perspektiven der westdeutschen Wirtschaft einschätzen, dürfen wir bei sorgfältiger Beobachtung aller übrigen Faktoren die grundlegende Marxsche Feststellung nicht aus den Augen verlieren:

> "Der letzte Grund aller wirklichen Krisen bleibt immer die Armut und Konsumtionsbeschränkung der Massen gegenüber dem Trieb der kapitalistischen Produktion, die Produktivkräfte so zu entwickeln, als ob nur die absolute Konsumtionsfähigkeit der Gesellschaft ihre Grenze bilde."
> (Karl Marx, Das Kapital. Bd. III, S. 528)

Es besteht kein Zweifel darüber, daß die Kapazität der Industrie bedeutend schneller zugenommen hat als das Masseneinkommen und daß auch die Industrieproduktion selbst diese Tendenz hat. Dafür nur zwei Zahlen: Der Umsatz der Industrie hat sich von 1950 bis 1958 um rund 155 Prozent erhöht, das gesamte Nettoeinkommen der Arbeiter, Angestellten und Beamten nur um rund 136 Prozent. Das ist das Ergebnis der wachsenden Ausbeutung, die sich auch darin ausdrückt, daß die Produktionsleistung des Industriearbeiters je Arbeitsstunde im Gesamtdurchschnitt der Industrie von 1950 bis 1958 um 58 Prozent gestiegen ist.

Die Angaben über den Verbrauch in Westdeutschland, in ein Verhältnis zu den Löhnen und Gehältern gesetzt, ergeben daher auch, daß die Werktätigen, die einschließlich der Bauern und ihrer Angehörigen rund 90 Prozent der Bevölkerung umfassen, in ihrem Verbrauch von der hauchdünnen Oberschicht um ein vielfaches übertroffen werden. Physische und nervliche Erschöpfung, zunehmende Arbeitsunfälle, Frühinvalidität, ständige Gefährdung des Arbeitsplatzes und Existenzunsicherheit, das alles gepaart mit wachsender politischer Entrechtung und Entmündigung, mit der Vorbereitung einer neuen Aggression und der Bedrohung durch den Atomkrieg, das ist heute die Lage der westdeutschen Arbeiterklasse.

Ich möchte zum Schluß kommen:

Es ist zweifellos richtig, wenn Gen. Mendelson in seinem in Nr. 11 des "Kommunist" veröffentlichten Artikel feststellt, daß die neuen

Erscheinungen des Imperialismus einen großen Einfluß auf den Verlauf der Krisen und Zyklen ausüben. Ich bin jedoch der Meinung, daß es in Westdeutschland *nicht in erster Linie* irgendwelche staatsmonopolistischen Maßnahmen und ähnliches waren, die die Entwicklung der letzten zehn Jahre verursacht haben. Sie spielten *auch* eine große Rolle, wie ich zeigte, aber sie waren nicht allein entscheidend. Gen. Mendelson spricht in seinem Artikel von der Wesensgleichheit der kriegsinflationistischen Krisen und der Überproduktionskrisen. Das möchte ich auf unsere konkrete Betrachtung der westdeutschen Entwicklung dahingehend anwenden, daß ich sage: Die zyklische Überproduktionskrise löst die kapitalistischen Widersprüche gewaltsam für eine kurze Zeit, ohne die Widersprüche selbst aus der Welt schaffen zu können. Der zweite Weltkrieg war für die westdeutsche Wirtschaft mit einer solchen gewaltigen Zerstörung von Produktivkräften, einer solchen ungeheuren Kapitalvernichtung verbunden, daß die darauf folgende Aufschwungphase gesetzmäßig relativ lang ist, daß die zu einer gewaltsamen Lösung drängenden Widersprüche erst relativ langsam heranreifen. Diese scheinbar lange Phase des Aufschwungs ist allerdings schon im voraus mit ungeheuren Opfern, mit einem unvorstellbaren Elend der werktätigen Massen bezahlt worden, mit einem Elend, wie es noch von keiner Krise erzeugt wurde.

Überdies haben die Teilkrisen des vergangenen Jahres signalisiert, daß die dem Kapitalismus immanenten Widersprüche erneut angewachsen sind und trotz aller staatsmonopolistischen Maßnahmen bereits ein bedrohliches Ausmaß anzunehmen beginnen. Hinzu kommt, daß diese Maßnahmen, nämlich die spezifische Entwicklung der westdeutschen Wirtschaft als "Wehrwirtschaft", als Rüstungswirtschaft, das Bestreben des deutschen Imperialismus deutlich sichtbar werden läßt, das Volk erneut in das Abenteuer einer Kriegskatastrophe hineinzumanövrieren. Die Thematik der im vergangenen Jahr von der Humboldt-Universität veranstalteten Konferenz "Konjunktur–Krise–Krieg" ist offensichtlich auch heute und gerade heute von großer und dringender Aktualität. Wir Politökonomen sollten alle unsere Kraft darauf konzentrieren, bei der Bändigung des deutschen Militarismus eine wirksame Hilfe zu leisten.

KURT ZIESCHANG

Grundprobleme der Investitionsfinanzierung in Westdeutschland

Schriften des Instituts für Wirtschaftswissenschaften bei der Deutschen Akademie der Wissenschaften zu Berlin

1959. 206 Seiten — 11 Abbildungen — 46 Tabellen — gr. 8° — DM 19,50

Auf der heutigen Stufe der Konzentration und Zentralisation in Westdeutschland ist der bei weitem überwiegende Teil der Bevölkerung in das monopolkapitalistische Ausbeutungssystem einbezogen. Demzufolge haben die Verteilungs- und Umverteilungsprozesse des gesellschaftlichen Gesamtprofits und des Nationaleinkommens große Bedeutung für die Ausbeutung und für den Ablauf der ökonomischen Prozesse in Westdeutschland gewonnen. Die Untersuchung dieser Verteilungs- und Umverteilungsprozesse kann daher wichtige Grundlagen für die Beurteilung der Klassensituation und für die Perspektive des deutschen Imperialismus liefern.

Der Verfasser stellt sich die Aufgabe, ein Teilproblem der kapitalistischen Akkumulation in Westdeutschland, die Investitionsfinanzierung, unter den genannten Gesichtspunkten zu analysieren. Es wird nachgewiesen, daß bei gleichen Formen der Investitionsfinanzierung in allen Perioden der Entwicklung des deutschen Imperialismus noch immer die Investitionsfinanzierung in ihrem Inhalt, ihren Beziehungen, die sie vermittelt, und in ihrer Wirkung unterschiedlich ist und von der jeweiligen Stufe der Konzentration und Zentralisation abhängt. Heute werden in Westdeutschland der Inhalt und die Methoden der Investitionsfinanzierung vom staatsmonopolistischen Kapitalismus bestimmt.

Bestellungen durch eine Buchhandlung erbeten

THEORIA CUM PRAXI

A K A D E M I E - V E R L A G · B E R L I N

FSC
www.fsc.org
MIX
Papier | Fördert
gute Waldnutzung
FSC® C083411

Kolibri 360 GmbH
Ferdinand-Jühlke-Straße 7
99095 Erfurt, Deutschland
produktsicherheit@kolibri360.de